W0229309

Buch

Hoffnungen und Träume, Empfindungen und Gedanken hat
Hans Kruppa in diesem neuen Gedichtband festgehalten. Kleine
Oden an das Leben und die Liebe, die vom Glück des Augen-
blicks erzählen. Unvergleichlich einfühlsame Denk- und Gefühls-
anstöße, die aussprechen, was die Menschen bewegt.
Hans Kruppas Gedichte sind »Lichter der Hoffnung«, die Wärme,
Offenheit und Freundlichkeit spürbar werden lassen. Sie künden
von der Kraft, das Schöne im Alltag zu entdecken, und fordern
uns immer wieder aufs neue dazu auf, uns Zeit zu nehmen, um
diese kostbaren Momente zu genießen.

Autor

Hans Kruppa, 1952 in Marl/Westfalen geboren und dort aufge-
wachsen, studierte Anglistik und Sport in Freiburg und lebt seit
1981 als freier Schriftsteller in Bremen. Kruppa hat bisher mehr
als 30 Bücher veröffentlicht, darunter Gedichtbände, Aphoris-
mensammlungen, Romane, Erzählungen und Märchen.

Hans Kruppa im Goldmann Verlag

HANS KRUPPA

Lichter der Hoffnung

Gedichte

GOLDMANN VERLAG

Umwelthinweis:
Alle bedruckten Materialien dieses Taschenbuches
sind chlorfrei und umweltschonend.

Der Goldmann Verlag
ist ein Unternehmen der Verlagsgruppe Bertelsmann

Genehmigte Taschenbuchausgabe 1/96
Copyright © 1991, 1994 by Hans Kruppa
Umschlaggestaltung: Design Team München
Umschlagmotiv und Illustrationen: Catherine
Druck: Presse-Druck Augsburg
Satz: Uhl + Massopust, Aalen
Verlagsnummer: 43033
MK · Herstellung: Stefan Hansen
Made in Germany
ISBN 3-442-43033-X

10 9 8 7 6 5 4 3 2 1

Gemeinsame
Versuche

Nur so

Komm nur zu mir,
wenn du bereit bist,
unser Zusammensein zu feiern,
jeden Augenblick voll auszukosten,
jede Stunde so intensiv zu erleben,
als sei sie unsre letzte.

Nur so lockt man das Leben
hinter dem Ofen hervor,
wo es sich vor den
Angsthasen, Langweilern
und ewigen Neinsagern versteckt hält.

Entweder – oder

Willst du
einen väterlichen Freund,
der das Kind in dir verwöhnt,
der alles versteht und verzeiht
und sein Herz an der Leine führt –
oder einen Geliebten
mit verletzbaren Gefühlen,
mit zerbrechlichen Träumen –
und dem Wissen
um eine Geheimtür
in der Mauer
zwischen uns?

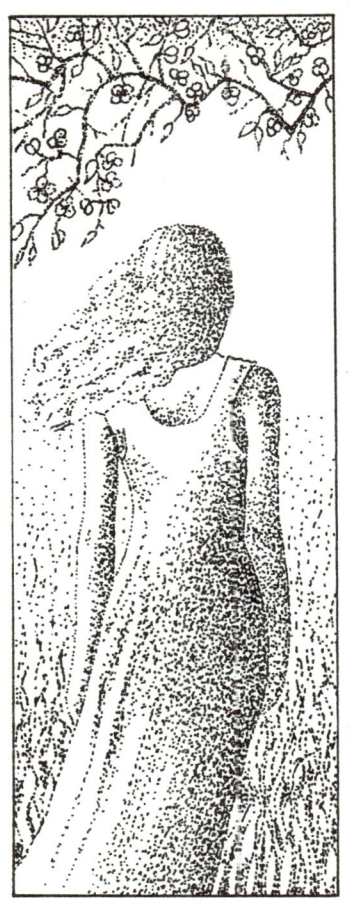

Nur mein Bestes

Ich will
nur mein Bestes,
und du lockst es hervor.

Verscheuch es nicht wieder,
es läßt nicht
mit sich spielen.

Dein idealer Partner

Ich kann nur dann
dein idealer Partner sein,
wenn du mir das Gefühl gibst,
daß ich es sein kann.
Gibst du mir zu verstehen,
daß das eine oder andere an mir
von deiner Idealvorstellung abweicht,
werde ich erst gar nicht versuchen,
mein Bestes zu geben –
denn es wäre ohnehin nicht genug.

Der gemeinsame Versuch

Liebe ist der gemeinsame Versuch,
miteinander glücklicher zu werden,
als man ohne einander sein kann.
Der Versuch kann nur glücken,
wenn beide alles geben,
aber auch dann kann er mißlingen.

Doch wenn beide nicht alles geben,
gelingt er auf keinen Fall.

Jemanden zu lieben

Jemanden zu lieben
heißt, ihm Macht
über unser Leben zu geben.
Das erfordert Mut,
Optimismus und Vertrauen.
Wer dies nicht aufbringt,
wird niemals wirklich
intensive Liebe erleben.

Die besten Liebenden

Die besten Liebenden
sind die,
welche sich gegenseitig
von dem Zwang befreien,
nach anderen,
vielleicht besseren
Partnern zu suchen.

Momentaufnahmen

Paradox

Wir liegen
an einem Strand,
wo das Wasser
so klar ist,
die Luft so rein,
daß Leib und Seele
tief aufatmen –

befreit von der Last
der Industrie und Technik,
dem Gestank der Autos
und dem Lärm der Flugzeuge,

ohne die wir
nicht hier wären.

Momentaufnahme

Und plötzlich
der Mond über den
durcheinanderquirlenden
Autos, den Leuchtschriften,
Laternen und Hausdächern:
still und erhaben
in blauschwarzem Himmel –
wie ein Relikt
aus alten Zeiten.

Plötzlich keine Angst mehr

Als die Realität
meine Träume
an die Wand stellte
und Schießbefehl gab,
weil sie
es gewagt hatten,
wirklich zu werden,
hatten sie plötzlich
überhaupt keine Angst mehr,
denn sie erkannten,
daß Gewalt
sie nicht töten konnte.

Zwei Arten

Es gibt
zwei Arten von Lächeln.

Das eine kommt von innen,
ist Ausdruck
eines guten Gefühls.

Das andere geht nach außen,
ist Anstrengung
gewisser Gesichtsmuskeln.

Der Ernst des Lebens

Der Ernst des Lebens
ist eine
schwankende Gestalt
auf dem Schiff
des Lachens.

Er trägt
die Uniform
eines Kapitäns,
doch sein Gesicht
ist blaß vom Wellengang.
Er hat alles unter Kontrolle,
nur leider ist er seekrank.

Die Schiffsjungen
reißen Witze über ihn,
über die er
nicht lachen könnte,
wenn er sie hörte.

Einen Katzensprung entfernt

Einen Katzensprung entfernt
gibt es Katzenmusik.
Man kann dort
Katz und Maus spielen
und fällt immer
auf die Beine.
Vorher macht man
eine Katzenwäsche
und hinterher hat man
einen Kater.

Schwarzer Adler

Schwarzer Adler,
unangreifbar in den Lüften,
immer nur kurz zu Besuch auf der Erde.
Dein Schatten spendet Licht,
deine Freiheit ist eine Kraft.
die Gutes bewirkt.
Dein Flug läßt die Zeit vergessen –
und den so oft gefundenen,
so oft verlorenen Augenblick
taufrisch entstehen vor
staunenden Augen.

Der schwarze Raubvogel

Es war eine seltsam stille,
magische Nacht.
Der Vollmond stand
über dem Maulbeerbaum im Garten,
den ein Blitz getroffen hatte
beim letzten Unwetter.
Ich wollte dieses Bild festhalten,
holte meine Kamera
aus dem alten Bauernhaus
und ging auf den Maulbeerbaum zu.

Als ich mich der Steinmauer näherte,
die den Garten zehn Schritte
vor dem Baum begrenzte,
flog ein großer schwarzer Vogel
völlig geräuschlos
aus der Krone des toten Baumes davon;
der Größe nach mußte er
ein Raubvogel gewesen sein.

Ich gab der Kamera
auf der Gartenmauer
einen sicheren Stand,
kniete mich auf den Weg
und schaute durch den Sucher.
Es war ein phantastischer Anblick.
Ich hielt den Atem an,
um ganz ruhig zu sein,
weil ich mit Handbelichtung knipsen mußte.

Ich weiß nicht,
warum ich unvermittelt aufsah
und nach links schaute.
Gehört hatte ich nichts.
Ich sah den schwarzen Raubvogel
vom Haus her
direkt auf mich zusegeln –
mit großen Schwingen,
völlig geräuschlos.

Er will nicht,
daß ich seinen Baum photographiere,
dachte ich intuitiv,
er will mich dafür bestrafen.

Der Vogel schwebte
geradewegs auf mich zu,
in der Höhe meines Kopfes.
Ich war einen Moment lang
wie gelähmt.
Als er etwa zwei Meter vor mir war,
sprang ich auf
und stieß einen Schrei aus,
spontan, instinktiv –
harte Schallwellen,
die ihn irritierten,
ihm angst machten,
ihn zu einer schwierigen
Kursänderung zwangen,
die er ebenso geheimnisvoll
geräuschlos ausführte
wie zuvor den Angriff auf mich.

Er verschwand
über dem Dach des Hauses
in der Nacht.

Gefühle auf Eis

Doch du drehtest dich nicht um

Um mich kämpfen würdest du nicht,
sagtest du mir gleich zu Anfang.
Aber gegen mich zu kämpfen
warst du dir nicht zu schade,
als ich kämpfte um das,
was uns mehr und mehr verlorenging.

Du warst stärker, härter,
und ich gab schließlich auf
und ließ fallen,
was ich nicht mehr halten konnte
gegen deinen Willen.
Es zerbrach in tausend Stücke.

Du hättest daran sehen können,
daß es noch heil gewesen war,
doch du drehtest dich nicht um,
zucktest nur zusammen –
und gingst davon.

Einerlei

Als die Frühlingssonne
die Knospen der Bäume öffnete,
hast du dich mir verschlossen.

Als die Luft warm wurde,
hast du versucht,
meine Gefühle auf Eis zu legen.

Als dann der Regen kam,
wolltest du wieder schönes Wetter
zwischen uns machen.

Doch dazu gehören zwei –
und was du willst,
ist mir inzwischen einerlei.

Vorher und nachher

Fängt die Liebe an,
und die Illusionen
wachsen in den Himmel,
ist der andere das Wunder,
die Rettung, die Bestätigung
der Hoffnungen und Träume.

Hört die Liebe auf,
und die Enttäuschungen
türmen sich,
ist der andere die Niete,
der Egoist, die Bestätigung
der schlechten Erfahrungen.

Dazwischen muß vieles
schiefgelaufen sein.

Wie geblendet

Solange wir wie geblendet
in das Laternenlicht
unserer eigenen Person starren,
können wir nicht
die Sterne am Himmel
der Liebe sehen.

Und trotzdem

Ich weiß es längst:
ein Mensch, der mir
sehr viel geben kann,
kann mir ebenso viel nehmen.

Und trotzdem falle ich
immer aus allen Wolken,
wenn es geschieht.

Ich stehe wohl nicht gern
mit beiden Beinen
auf dem Boden.

Alleinsein zu zweit

Sie lagen Tag für Tag
immer an der gleichen Stelle am Strand
und tauschten so gut wie nie
ein Wort oder einen Blick.

Ihre Gesichter waren
starr, verbittert, todernst,
so sehr die Sonne auch lachte.
Sie schienen sich schon
seit Jahrzehnten nichts mehr
zu sagen zu haben.

Noch nie sah ich ein Paar,
welches das Alleinsein zu zweit
zu solcher Perfektion getrieben hatte.

Nur einmal am Tag
kam ein Anflug von Leben
in die beiden:
wenn Essenszeit war.
Dann packten sie Karotten,
Paprika, Tomaten, Brot
und Apfelsinen aus.

Aber selbst das Essen
machte ihnen keine Freude:
verbissen
bissen sie
in ihre Leckerbissen,
taten ihre Speisepflicht
im Sonnenlicht:
gut gekaut
ist halb verdaut.

Unser Wahnsinn
hat Methode

Manche Leute

Manche Leute
nehmen uns erst dann ernst,
wenn wir ihnen beweisen,
daß wir uns genauso
engstirnig und vernagelt
verhalten können wie sie.

Geschichte

Geschichte als
Unterrichtsfach in der Schule
war nichts für mich.
Vielleicht war der Lehrer schlecht,
vielleicht auch war mir schlecht
von all den Schlachten,
Kriegen, Revolutionen, Intrigen,
die es seit Menschengedenken gibt,
und jedes blutige Ereignis
hatte eine Jahreszahl,
die wir zu lernen hatten,
um den Schrecken datieren zu können.

Da die Menschen anscheinend
schon immer nichts Besseres
miteinander anzufangen wußten,
als sich gegenseitig umzubringen
wegen Land, Macht und Geld,
erschien mir die Geschichte
als endlose Beweiskette
der These meines Lateinlehrers:
Homo homini lupus –
der Mensch ist dem Menschen ein Wolf.

Bedeutende Lämmer wie
Jesus, Gandhi, Martin Luther King
ließ man eine Weile
Frieden und Verständigung predigen,
um sie dann doch zu reißen,
damit die Welt verstand:
Wer gegen Gewalt kämpft,
wird durch Gewalt sterben.

Irgendwann ließ ich die Schlachten
und die dazugehörigen Jahreszahlen
an meinem Geist abprallen
und freute mich auf den Musikunterricht,
wo unser Lehrer uns
die neuesten Beatles-Platten vorspielte,
die wir ihm mitbrachten.
Einer dieser Songs hieß
›All you need is love‹.
John Lennon sang ihn,
und er machte mir ein bißchen Hoffnung
auf eine bessere Welt.

Viele Jahre später
hörte ich in den Nachrichten,
John Lennon sei
auf offener Straße erschossen worden.

Lebensqualität?

Immer mehr Autos,
immer mehr Straßen,
Unfallopfer, Verkehrstote –
der Preis des ›Fortschritts‹.

Wachsende Freizeit –
schwindende Freiheit.
Materieller Überfluß –
seelische Unterernährung.

Sterbende Wälder –
doch ein wuchernder Dschungel
von Gesetzen, Vorschriften,
Verordnungen, Paragraphen.

Profitmaximierung –
menschliche Desorientierung.
Wirtschaftswunder –
Landschaftswunden.

Die heilige Kuh des Wachstums –
und ihre verstrahlte Milch.

Saurer Regen –
süßes Leben?

Immer mehr Fernsehprogramme,
immer neue Filme –
Realität aus der Röhre.
Konsum, der nicht satt macht.
Unterhaltung
statt Lebensgestaltung.

Ozonloch, Treibhauseffekt –
die Meere verseucht,
die Flüsse verdreckt.

Bevölkerungsexplosion
und steigende Hungersnot.
Für viele gilt: geboren –
und schon so gut wie tot.

Die Drogenwellen schwemmen
die Wahrheit ans Land:
immer mehr Menschen
stehen mit dem Rücken zur Wand,
immer mehr ertrinken
in ihren Problemen –
mehr und mehr,
die sich das Leben nehmen.

Es gibt noch
viele Probleme zu lösen –
sagen die,
die sie geschaffen haben.

Sie reden so gern von
Lebensqualität,
doch das Wort ist
vier Buchstaben zu lang:
Lebensqual,
wo man geht und steht.
Zu vieles auf der Welt
ist leidend und krank.

Unser Wahnsinn hat Methode

Wir atmen alle dieselbe Luft,
sehen am Tag dieselbe Sonne
und in der Nacht denselben Mond.
Wir teilen alle dasselbe Schicksal,
geboren zu werden
und sterben zu müssen.
Wir sind Gäste,
wir bleiben, so lange wir können –
Reisende, die ihr Ziel nicht kennen.

Gäste der Erde sind wir,
doch uns fehlt die Gastfreundschaft –
wir schänden die Gastgeberin,
demolieren ihr Haus,
verwüsten ihren Garten
und plündern ihre Vorratskammer
wie die Barbaren,
doch zivilisiert in den Methoden
und technisch einwandfrei.

Die Wissenschaftler, die Techniker
und Ingenieure haben viel erreicht.
Sie haben viel Gutes erfunden und gebaut,
das alles mit einem Schlag vernichtet werden kann
durch das Schlechte,
das sie erfunden und gebaut haben.

Seltsam, daß es immer noch Menschen gibt,
die Gewehre bedienen, Bomber fliegen,
die Panzer steuern, Raketen abfeuern,
die ungeheuerliche Befehle ausführen,
die funktionieren wie die Maschinen,
mit denen sie morden und zerstören
oder ermordet werden.

Von der Keule zur Neutronenbombe.
Die Waffentechnik hat Fortschritte gemacht,
der Mensch ist sich treu geblieben.
Seine Errungenschaft, die Zivilisation,
hat das Morden und Zerstören technisiert,
anstatt es abzuschafffen,
hat die Erde ausgebeutet und überlastet,
anstatt sie zu schonen
für die nächsten Generationen.

Gäste der Erde sind wir,
doch die denkbar schlechtesten –
wir mißhandeln die Gastgeberin,
vergiften ihren Brunnen,
spucken auf ihre Blumen,
quälen und töten ihre Tiere.

Immer ungemütlicher wird das Gasthaus,
überall begegnen wir unserer Schuld.
Unsere Kinder sehen uns
mit vorwurfsvollen Blicken an.
Die Konflikte zwischen uns wachsen,
keiner traut mehr dem anderen.

Wir denken alle an unsere Sicherheit
und hamstern Unmengen von Sprengstoff,
damit wir uns gegenseitig
in die Luft jagen können,
wenn einer von uns die Nerven verliert.

Unser Wahnsinn hat Methode,
doch leider keine, sich selbst loszuwerden.

Es liegt an uns

Es liegt an uns

Laß uns doch einfach
die Verwirrung genießen,
in die wir uns
gegenseitig gestürzt haben.
Sie ist Reichtum.
Wenn wir die ganze
Palette der Gefühle
plötzlich in der Hand halten,
liegt es an uns,
ob wir das Bild unserer Tage
mit den dunklen Farben
der Traurigkeit malen
oder den strahlenden Tönen
des Glücks.

Sei leicht

Die köstlichsten Früchte
des Lebensbaums wachsen
auf den allerhöchsten Ästen.
Ich sage dir,
ihr Genuß berauscht dich –
und du bist dem Himmel nah.
Doch du mußt leicht sein,
leicht wie ein Vogel,
immer in der Lage,
deine Flügel schnell zu gebrauchen,
wenn ein abrupter Windstoß
dich in die Luft wirft.

Ein guter Weg

Hör auf zu suchen,
hör auf zu wünschen.
Schließ die Augen
und entspanne dich.
Werde wunschlos.
Das ist ein guter
Weg ins Finden.

Großer Vorsatz

Das Leben ist
ein Geschenk an uns,
das wir täglich
aufs neue
mit Freude empfangen,
entdecken und
verstehen lernen sollten.

Glück

Glück ist etwas Immaterielles,
es läßt sich nicht besitzen.
Es ist wie Luft in unserer Hand
oder wie ein unsichtbarer Vogel
in dem Baum vor unserem Fenster,
der für uns singt,
wenn es ihm gefällt.
Der Versuch, ihn zu fangen,
um ihn in einen Käfig zu sperren,
würde ihn auf Nimmerwiedersehen vertreiben.

Glück ist frei,
und je mehr wir versuchen,
ihm seine Freiheit zu nehmen,
desto mehr treiben wir es in die Flucht.

Wir müssen seine Freiheit achten,
seine Unabhängigkeit von unserem Willen,
müssen es betrachten wie
ein kostbares Geschenk des Schicksals,
das wir empfangen und genießen können,
das uns aber weder gehört noch gehorcht
und uns jeden Augenblick
wieder genommen werden kann.

Die Begegnungen mit dem Glück
sind die wundervollsten Erfahrungen
in unserem Leben.
Wenn wir dem Glück
all die Bewunderung und Liebe schenken,
die es in uns erweckt,
und immer seine Freiheit achten,
wird es uns nicht
zum letzten Mal begegnet sein.

Wenn wir bereit sind

Manches können wir
nur dann verstehen,
wenn wir bereit sind,
uns zu verändern.

Wer sich an seinem Ich,
seinem Bild von sich selbst
ängstlich festklammert,
wird nie über
oberflächliche Einsicht
hinauswachsen.

Bedingungen

Nur Wärme
kann Wärme erzeugen.
Nur Offenheit
öffnet die Herzen.
Nur Freundlichkeit
befreit den Alltag
von seiner Alltäglichkeit.

Deine innere Stimme

Wenn du dein Leben
nicht so lebst,
wie deine innere Stimme
es dir eingibt,
bekämpfst du
das Beste in dir
und endest gespalten –
und von dir selbst
um dein Glück betrogen.

Ich bring dir
Muscheln mit

Unendliche Geschichte

Du läßt es weiterleben,
dieses verrückte Glücksgefühl,
das in mir wächst,
wenn ich dir nah bin.

Wir sagen uns zwar
›Tschüß‹ am Telefon,
doch das wortlose
Zwiegespräch unserer Herzen
geht weiter und weiter.

Du läßt es andauern.
Du verstehst die Kunst,
Gefühle zu verschenken,
die keine Zeit kennen.

Ich bring dir Muscheln mit

Du siehst so verschlossen aus.
Selbst meine mutigsten Blicke
können dich nicht erreichen.
Ich weiß, wovor du Angst hast.
Zieh deine Zäune,
Zäune machen gute Nachbarn.
Vielleicht kannst du ja
meine Pflanzen gießen,
wenn ich auf Reisen bin.
Ich bring dir dafür
Muscheln von den Stränden mit.
Und wenn wir uns sehen,
schauen wir uns
aus sicherer Entfernung an,
um nicht versehentlich
ein neues Feuer zu entzünden.

Rollentausch

Warum hab ich immer wieder
die Heimat unserer Liebe verlassen
und andere Gegenden erkundet,
die mir am Ende nichts gaben
als die Einsicht, wohin ich gehöre?

Damit nun du auf die Reise gehen
und deine Neugier stillen kannst,
während ich dort auf dich warte,
wo du so lange auf mich gewartet hast.

Und kommst du irgendwann
mit gleicher Einsicht wieder
und findest mich noch vor,
werden wir vielleicht
nur noch gemeinsam unterwegs
und überall zu Hause sein.

Danke

Springen mußte ich
aus dem obersten Fenster,
als das Haus unserer Liebe
in Flammen aufging.

Doch deine freiwillige Feuerwehr
fing mich mit einem Sprungtuch auf
und brachte mich zitternd,
doch unverletzt nach Haus.

An eine Wankelmütige

Deine Briefe und Anrufe
gleichen stürmischen Winden
aus wechselnden Richtungen.

Aber wie sieht es
in dir aus,
wenn es ganz
windstill ist?

Restlos ratlos

Das Gute
ist so gut mit dir,
daß ich nicht verstehe,
wie das Schlechte
so schlecht sein kann,
daß es das Gute verschlingt
und keinen Rest übrig läßt,
von dem die Hoffnung
auf einen neuen Anfang
zehren könnte.

Denn du schaust mich an

Nun mauere ich
den schmalen Durchgang,
den ich nicht ohne Mühe
zwischen uns geöffnet habe,
wieder zu.
Was nicht geht, geht nicht,
sage ich mir und setze
Stein auf Stein.
Enttäuschte Hoffnung
ist ein tüchtiger Maurer.

Nur den letzten Stein,
der die Mauer schließt,
kann ich nicht setzen.

Denn du stehst
auf der anderen Seite
und schaust mich an.

Stimmen im Wind

Es ist gut,
Freunde zu haben,
die verstehen
und warten können.

Denn eines Abends
steht man allein
auf einer Hafenmauer
und hört ihre Stimmen
im Wind.

Erkenntnisse

Analogie

Es ist besser,
keinen Fisch zu fangen,
als einen großen
am Haken zu haben
und wieder zu verlieren.

Es ist besser,
keine Chance zu haben
als eine große,
ohne sie nutzen
zu können.

Zerbrechliches

Man sollte
Zerbrechliches
erst dann zeigen,
wenn man
auch fähig ist,
es zu schützen.

Denn es provoziert
die Lust
am Zerstören.

Manche Gespräche

Manche Gespräche
ähneln Mahlzeiten:
man darf sie nicht
kalt werden lassen,
indem man sie
zu lange unterbricht.

Recht auf Freiheit

In unseren
Träumen und Wünschen
teilen wir anderen Menschen
gern bestimmte Rollen zu.
Wenn sie sich weigern,
diese Rollen zu spielen,
sagen wir oft enttäuscht,
sie hätten unsere Gefühle verletzt.

Dabei haben sie nur
von ihrem Recht auf Freiheit
Gebrauch gemacht.

Das Schweigen

In einer redseligen Kultur
wie der unseren,
wo zwischenmenschlicher Austausch
zum allergrößten Teil
ein Austausch von Worten ist,
gibt es kaum eine größere Rebellion,
keine subversivere Kraft
als das Schweigen.

Überheblichkeit

Überheblichkeit
ist das Markenzeichen
der Unsicheren.
Wer sich seiner selbst
sicher und bewußt ist,
ist selbstsicher
und selbstbewußt,
aber nicht arrogant.

Überheblichkeit
erwächst aus dem Versuch,
die Zweifel
an seiner eigenen Person
und ihrem Wert
zu überspielen.

Algebra

Wenn die Menschen
nur halb so tolerant
mit den Unzulänglichkeiten
ihrer Mitmenschen umgehen würden
wie mit ihren eigenen
Fehlern und Schwächen,
wäre die Welt
doppelt so gut.

Ignoranz und Arroganz

Ignoranz
und Arroganz
treten nur zu gern
als Partnerinnen auf
im Theater
menschlicher Unzulänglichkeit.

Die Ignoranz
weiß nicht mal,
daß sie nichts weiß.
Die Arroganz
macht ihr weis,
daß sie alles weiß.

Einträchtig gehen sie
im Kreis.

Lebenslügen

Je häufiger jemand
seine Art zu leben
mir gegenüber anpreist
und ihre Vorzüge betont,
desto mehr argwöhne ich,
daß er sie insgeheim
als falsch empfindet
und unter ihr leidet,
aber nicht den Mut
oder die Kraft findet,
sie zu ändern.

Indem er versucht,
mich zu belügen,
belügt er sich selbst.

Durchschaue ich seine Lüge,
helfe ich ihm,
sich selbst zu durchschauen.

Sprachverhalten

Es gibt Leute,
die ihre Willensäußerungen
in einem fordernden,
einschüchternden Tonfall vorbringen
und dabei unverfroren genug sind,
das Wort ›bitte‹ zu benutzen,
das wohl ihre Unfreundlichkeit
kaschieren soll,
sie aber nur um so deutlicher
hervorhebt.

In eigener Sache

Damit man sich selbst versteht

Ein gutes Gedicht
zu schreiben
ist wie ein gutes Gespräch
zu haben
mit sich selbst,
das man braucht
wie gute Gespräche
mit anderen,
damit man
sich selbst versteht,
wenn man
zu anderen geht.

Gedichte

Die Wahrheit,
die sich nicht sagen läßt,
die nur erlebt werden kann:

Diese Wahrheit suchen
alle Gedichte, die ins
Herz des Lebens zielen.

Aber ihre Pfeile müssen
immer aufs neue
das Ziel verfehlen.

Denn das Wunderbare
zerrinnt in den Händen,
die es beschreiben wollen.

Doch die Faszination
des Versuchs
ist unsterblich.

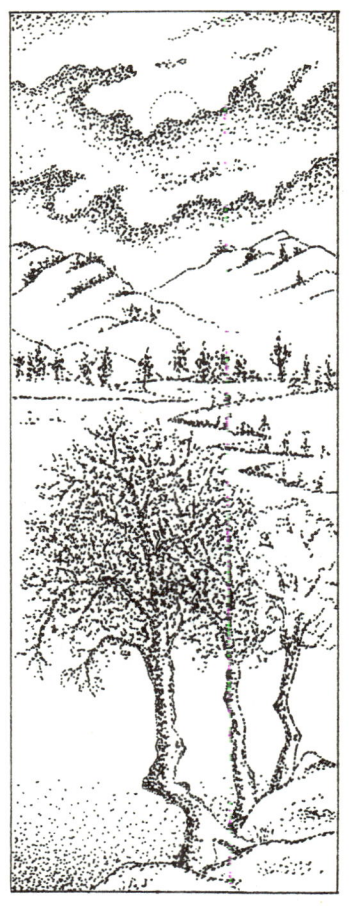

Ein ganz schlauer

Manchmal kommen mir Gedanken,
die ich unbedingt aufschreiben sollte.
Worte, die danach schreien,
mit dem Konservierungsmittel Schrift
behandelt zu werden,
um lange zu halten,
was sie im Augenblick versprechen.

Doch ich höre weiter Musik
oder schenke mir Tee nach
oder bleibe liegen,
um mich nicht zu stören
bei einer angenehmen Tätigkeit
oder Untätigkeit.

Das Leben ist wichtiger
als die Kunst.

Wieder so ein Gedanke,
der unbedingt aufgeschrieben werden wollte!
Und ein ganz schlauer:
indem er mich
in meiner Muße bestätigt,
lockt er mich in die Arbeit.

Nein, warte!

Gib mir die schlechte Nachricht,
wenn ich mich schlecht fühle,
denn dann kann sie
nicht viel zerstören.

Bring mir die gute Botschaft,
wenn es mir gutgeht,
damit ich mich auch
wirklich darüber freuen kann.

Nein, warte!

Gib mir die schlechte Nachricht,
wenn ich mich gut fühle,
denn dann kann ich
sie besser verkraften.

Bring mir die gute Botschaft,
wenn es mir schlechtgeht,
damit ich mich
an ihr hochziehen kann.

Fortschritte

Meine Zuversicht
hat zwei Beine:
meine Talente und mein Glück.
Auf denen geht sie
immer sicherer –
wie ein Kind,
das keinen Halt mehr braucht,
um zu laufen.

Es hat gelernt,
seine Beine
in die Hand zu nehmen.

Deshalb wohl

Das Leben ist ein Abenteuer,
und als solches ist es mir
lieb und teuer.

Doch wenn es fad schmeckt,
weil sich das Beste daran versteckt,
das innere Feuer,
bin ich mir selbst
nicht ganz geheuer.

Denn schließlich
bin ich es,
der sich verirrt hat.

Und der geglaubt hat,
das könne ihm
so leicht
nicht mehr passieren.

Deshalb ist es
wohl passiert.

Lebenszeitmaß

Ich liebe,
also bin ich.

Und wenn ich
hundert Jahre alt werde:
gelebt habe ich nur
in den Zeiten,
in denen ich liebte.

Inhalt

Unser Wahnsinn hat Methode

Es liegt an uns

Ich bring dir Muscheln mit

Erkenntnisse

In eigener Sache

Hans Kruppa

»Ich bleibe auf dem Teppich meiner Möglichkeiten und hoffe, daß er fliegen lernt.«

Gedichte und Märchen, Erzählungen und Aphorismen, Romane und Hörspiele hat er geschrieben und Lyrik-Anthologien herausgegeben; über zwanzig Bücher wurden von ihm veröffentlicht und ebenso viele Kurzhörspiele gesendet. Hans Kruppa, 1952 geboren, gehört wohl zu den vielseitigsten und produktivsten deutschen Autoren.

»Schreiben ist für mich die zum Beruf gemachte Berufung«, sagt er, der nach einem Anglistik- und Sportstudium in Freiburg und drei Jahren Lehrtätigkeit den Brotberuf an den Nagel hängte und seit 1982 als freier Schriftsteller in Bremen lebt.

»Ich schreibe über alles, was mich betrifft, interessiert und fasziniert«, sagt Hans Kruppa. Sein Schreiben ist persönlich und subjektiv, und der große Erfolg seiner Bücher erklärt sich sicher daraus, daß er einen Nerv trifft. Seine Leser spüren, daß da einer ist, der ihnen aus der Seele spricht, der ausdrückt, was sie empfinden und erleben.

Hans Kruppa gibt Denk- und Gefühlsanstöße, ohne besserwisserisch den Zeigefinger zu heben oder allgemeingültige Wahrheiten verkünden zu wollen. Er erschafft poetische Welten der Phantasie und des Traums, ohne große Worte zu machen, und stellt die dunklen Seiten der Wirklichkeit in Frage, ohne zu moralisieren. Seine kulturkritischen Gedanken weisen auf ein gesellschaftliches Engagement hin, das sich vor keinen ideologischen Karren spannen läßt.

Wer über das schreibt, was ihm und allen anderen nahegeht: über die Beziehung zu einem Menschen, zu sich selbst, zur Natur, über Empfindungen und Gedanken, Zweifel und Ängste, Hoffnungen und Träume, der braucht ein ›Vokabular des Gefühls‹, das oft mißbraucht wurde.

Hans Kruppa scheut sich nicht davor – aber er nimmt die Sprache beim Wort, geht ihr auf den Grund, dreht und wendet sie, setzt die Worte neu zusammmen und gibt ihnen so ihren ursprünglichen Sinn und ihren Zauber zurück. Durch unverhoffte Pointen, Sprachspiele und phantasievolle Metaphern blitzt die Lust an der Sprache und läßt dem Leser ein Licht aufgehen.

»Ich bleibe auf dem Teppich meiner Möglichkeiten und hoffe, daß er fliegen lernt«, schrieb Hans Kruppa in einem Gedicht. Er ist schon in der Luft.

*»Hans Kruppa nimmt für sich
die Freiheit in Anspruch,
nicht nur auf die großen Themen
vereidigt zu werden«*

Hans-Jürgen Heise in »Die Zeit«

GOLDMANN

Paul Bowles

Die Stunden nach Mittag,
Erzählungen   9398

Himmel über der Wüste,
Roman   42232

Rastlos. Erinnerungen eines
Nomaden   42000

So mag er fallen,
Roman   9081

Goldmann · Der Taschenbuch-Verlag